AF324584

CRITIQUE
DES
CRITIQUES
D'INÉS
DE CASTRO.

Tragédie de Monsieur de la Mothe.

Le prix est de quinze sols.

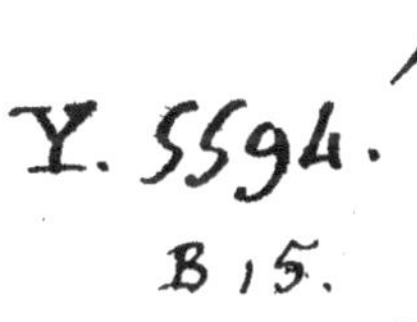

A PARIS.

De l'Imprimerie d'ALEXIS X. RENE' MESNIER, Libraire dans la grande Salle du Palais, vis-à-vis la Cour des Aydes, au Soleil d'or.

M. DCC. XXIV.

Avec Approbation & Privilege du Roy.

ERRATA.

PAge 5. *lig.* 3. parce que j'aurois, *lisez* parce que j'auray. p. 6.
l. 28. & de-là *lis.* & par-là. *ibid. l. derniere,* pensent-t'il, *lisez*
souhaite t'il. p. 10. *l.* 26. *aprés* circonstances, *mettez* un point. p. 25.
l. 21. y en auroit, *lis.* il y en auroit.

CRITIQUE
DES CRITIQUES.
D'INÈS DE CASTRO.

N a dit & écrit fur la Tragédie d'Inès de Caſtro quantité de choſes, les unes raiſonables, & les autres pitoyables. Je n'entrerois point dans la lice des Ecrivains qui ſe ſont exercez là deſſus, ſans des raiſons importantes. Ce ſujet n'eſt point épuiſé. Il intereſſe les Spectateurs qui ont pris parti pour ou contre, & qui verront encore cette même Piece donner lieu aux loüanges & à l'admiration, comme à la critique. Il me ſemble qu'il y auroit, pour un habile homme, de belles choſes & fort intereſſantes à dire, à l'occaſion des eſpeces de Satyres qu'on a faites ; je dis des choſes qui meriteroient l'attention des Spectateurs au deſſus du commun, & qui penſent autrement que le vulgaire ſur ces ſortes de ſujets, aſſez nobles d'eux mêmes, & dignes des perſonnes qui ont du goût & de l'eſprit. Je vais faire mes petites remarques.

Je prévois que la Piece dont il s'agit sera deman-
dée bien-tôt par des personnes de considération
& de mérite, dont le goût se fixe à ce qui est bon,
& que par conséquent la critique n'en a pas dé-
goûté. Ainsi mes petites reflexions sont encore
de saison.

La Cause d'Ines est la Cause commune d'un
grand nombre de Spectateurs de la Cour, de la
Ville, des deux Sexes, des Gens d'esprit & des
Sots, à qui elle a plû, & que quelques Critiques ont
traité tous en diverses manieres *de Sots*, pour
avoir esté attendris par les prétenduës *sotises* de
cette Tragédie, & pour l'avoir trouvée belle.

Ce grand nombre de Spectateurs, qui fait
comme un Public, n'est pas seulement interessé
en cecy par sa décision, dont il ne peut se dédire ;
mais encore d'avantage à mon sens, par les representations avenir de cette Piece, je veux dire par
le plaisir qu'ils peuvent prendre encore à la trouver belle, ou par le dépit de voir le goût pour Ines
refroidi dans beaucoup de personnes, ce qui ne
pourroit être, si cela arrivoit, qu'un effet, ou de
la critique & de quelques défauts qu'elle auroit
relevé, ou de l'inconstance d'une grande partie
de la Nation Françoise, qui n'a point de honte
quelques-fois de mépriser dans un tems ce qu'elle
a admiré dans un autre, sauf à revenir à l'admiration, si les choses méprisées reviennent à la
mode.

Si les sentimens que je propose icy sont trou-

vez judicieux par ceux qui ont pris parti en faveur de la Piece , ils auront plus d'un interêt à les
faire valoir: Premierement parce que jaurois penfé comme eux : En fecond lieu pour triompher
plus fortement , par nôtre union , de l'audace des
Auteurs Satyriques , qui les ont traité fi cava-
lierement , & enfin pour fe conferver le plaifir de
voir cette Piece fe foûtenir , & continuer d'enlever les fuffrages d'un Public , qui aura méprifé les
Critiques , autant que les Critiques l'auront méprifé.

Je n'entrerai point dans le détail de ce qui a été
dit ou écrit fur cette Tragedie ; mon deffein eft
de me fixer à ce qui m'a paru le plus remarquable
& le plus intereffant. J'auray lieu de parler auffi
de plufieurs chofes qui y ont raport , & de diver-
fifier pour ne paroître point un Critique Pané-
girifte , & pour convenir mieux au goût des
Dames , qui ne font pas moins intereffées en cecy
que les hommes , & qui préferent les fentimens ,
& les courtes réflexions fondées fur les fentimens ,
aux regles , aux recherches , & aux réflexions
étudiées.

Dans le même efprit de plaire aux Dames comme
aux hommes , je ne ferai point de citations & ne
raporterai point de latin. J'écrirai fimplement ,
& fi je le puis , raifonablement & avec quelque
goût. Il s'agit beaucoup plus icy de goût , que de
regles. Les femmes font auffi capables que nous de
raifonner fur le goût , fi quelques-unes ne le font

même d'avantage, n'en déplaise à certains hommes, qui prétendent l'emporter en tout sur ce
sexe, & qui n'ont peut-être en des rencontres,
comme celle-cy, que plus de malice & de venin.
Si la Tragédie dont je parle étoit l'ouvrage d'une
femme, je doute fort qu'elle eût été critiquée par
d'autres femmes, avec tout le fiel de ceux que cette
Piece a rendu ennemis de M. D. L. M. ou jaloux
de sa gloire.

La Tragédie d'Ines a été fort goûtée. Elle a
touché, interessé, ému, attendri ses Spectateurs;
c'est une chose de fait. Cela n'est point en question,
& c'est ce qui fâche les Critiques. Si la chose pou-
voit être douteuse, on devine à peu-près comment ils en parleroient. Il ne s'agit donc pas de
sçavoir si elle a plû : Ils en conviennent ; mais de
sçavoir si elle a dû plaire autant qu'elle a plû, voilà la grande question. Il me semble d'abord que
j'ai icy à m'exercer sur une question assez puerile.

Y a t'il des Pieces qui plaisent comme a fait
celle-cy, & qui ne doivent pas plaire ? Y en a t'il
qui doivent plaire, & qui ne plaisent pas ? Les
fait-on pour plaire, ou pour devoir plaire ? Si elles
plaisent, un Auteur doit-il craindre qu'elle ne
doivent pas plaire ? Ne doit-il pas se contenter
qu'elles soient goûtées, & qu'elles le soyent cons-
tament par la plus grande, & de la plus saine
partie.

Mais à qui un Auteur pense-t'il plaire ? A des

Critiques ? Non :. A des Hommes naturels ? Ouy. Ce ouy & ce non se trouvent dans l'effet de la Tragédie de M. D. L. M. & il me semble qu'il a gagné sa cause par-là. Aussi n'a-t'il point répondu à ceux qui l'ont attaqué. L'affaire est nette & décidée par ceux à qui il a voulu plaire, & par ceux dont le jugement devoit être incompatible avec celui des premiers, je veux dire par les Critiques. Ceux-cy ont confirmé en quelque sorte, la Sentence favorable des autres en l'infirmant, cela est dans l'ordre, & cet ordre n'est point une chose nouvelle. La satyre est mordante & envenimée à proportion du merite de son objet, & l'on conclud aisément qu'il faut que la Tragédie d'Ines de Castro soit une fort belle Piece, pusqu'elle a été attaquée avec tant de vivacité.

Mais une décision si brusque, quoique peut-être assez juste, ne donnera pas gain de cause à nôtre Auteur, au jugement de tout le monde. Les Critiques se sont insinuez dans les esprits, à la faveur de quelques plaisanteries : Ils ont pû alterer les dispositions favorables des inconstans &. de ceux qui se declarent volontiers pour ce qui les fait rire. Expliquons nous donc plus amplement & pour tout le monde ; mais commençons par quelques petites remarques sur les Auteurs des Satires, dont le caractere a éclaté, ce me semble, dans cette occasion d'une maniere étrange, & dont je n'ai point encore vû d'exemple.

Je prends garde à une difference entre les Spec-

tateurs judicieux qui se trouvent à la representation d'une belle Piece, & ceux d'un caractere op-
posé. Les premiers ont trop de plaisir à sentir ce
qu'il y a de touchant, pour y chercher des défauts, & les autres y cherchent des défauts avec
trop de passion, pour en sentir les beautez. Les
Spectateurs raisonables goûtent ce qu'il y a de bon
ou de beau dans un ouvrage, sans que ce goût
leur ôte la capacité de connoître s'il y a des défauts d'une certaine conséquence, & jusqu'où ils
peuvent aller; mais le goût des Spectateurs critiques les prévient & les passionne, souvent au
point de les rendre incapables de sentir le mérite
d'une belle Piece. Ce goût malin domine même
quelque-fois à tel point en eux, que si la beauté
ou la force de quelque sentiment arrache au Critique un mouvement naturel, le touche & l'attendrit, il en a un dépit secret; il fait ses efforts
pour s'y souftraire; ce n'est point a ce naturel qu'il
veut céder. Il rentre dans le sien, qui triomphe
des plus tendres impressions. Il peut être surpris
par un beau sentiment; mais non pas gagné. La
réflexion dément la nature dans ce genre d'hommes, ou plûtôt la nature qui haït, l'emporte sur
celle qui aime ou qui admire; aussi ne doit-on point
penser à les changer, mais à empêcher qu'ils ne
changent, quand ils ont de l'esprit, le goût
de quelques autres, ce qui néanmoins pourroit
n'être pas un grand mal, à cause du peu de stabi-
lité de ces derniers, & du peu d'avantage que

trouve un Auteur à les avoir dans son parti : Cependant j'estime qu'il faut étendre le crédit des belles productions de l'esprit humain, puisqu'elles sont si rares, quand ce ne seroit que pour animer par un succès plus general les Auteurs, que le mauvais goût d'une partie des hommes de leur tems pourroit refroidir. Quantité d'honnêtes gens qui aiment les Spectacles y perdroient beaucoup : S'ils entendent bien leurs interêts, ils doivent faire une ligue offensive & défensive contre les Critiques : Je les invite à se joindre à moy dans cette vûë ; à parler d'Ines & de son Auteur, comme ils le méritent ; à se prêter aux triomphes passez & à venir de cette Tragédie ; à demander qu'elle soit representée encore plûtôt qu'on ne l'espere, & à lui aplaudir. Il faut tâcher d'engager par là son Auteur à donner de nouvelles Pieces au Théâtre, & une nouvelle matiere à ses ennemis de publier contre lui de nouvelles Brochures, enfin nous sommes interessez à soûtenir la cause commune contre ceux qui sont aussi nos ennemis communs, je dis contre les Critiques qui veulent empoisonner nos plaisirs.

Je reviens à mon raisonnement sur ce qui plaît & sur ce qui doit plaire. La question à laquelle je me réduis, & que j'ai traitée de puerile, a quelque chose d'extraordinaire, & devroit être agitée, ce me semble, & décidée peu sérieusement.

On a osé dire que Paris avoit pleuré en *Sot* aux representations d'Ines. Je demande quel est le

Sot, ou de celui qui se laisse doucement attendrir par un sentiment qui le touche, sans examiner s'il doit s'y attendrir, & sans passer d'un état *agréable* à une recherche sérieuse, ou de celui qui le traite de sot pour estre ainsi touché, & pour n'aprofondir pas s'il doit l'être.

Il est bon de voir clair dans ses interêts, dans ses affaires. A-t'on interêt de voir clair dans ses plaisirs, & de les examiner quand ils sont sans conséquence & sans inconveniens?

Il me semble que c'est une excellente maxime de ne point aprofondir ce qui pourroit déranger nos sentimens agréables. Elle se pratique par des gens sages, en amour, en amitié, & à l'égard de quantité de choses qui ont toûjours quelque côté défectueux, & qu'il n'est point à propos d'envisager. Je ne veux point examiner s'il y a dans ma Maîtresse ou dans mon Ami, (que je puis aimer sans aucun risque, & que je veux aimer) quelques défauts qui les rendent moins aimables. Mon penchant & ma possession sont un bien actuel pour moi. Je trouve mon compte à les conserver, & je n'ai garde de me mettre dans le risque de les perdre par trop de réflexions.

Cette maxime est naturelle, & la raison l'autorise dans ses circonstances, si la nature agit autrement par quelque inquiétude, elle est déreglée, comme dans ces maris qui veulent des assurances excessives d'un bonheur qu'ils fondent sur la fidelité de leurs femmes; enfin elle est folle dans ces déreglemens, & la raison doit lui imposer silence, comme la nature doit faire taire à son tour la fausse raison & la fausse délicatesse, qui détruisent quelque-fois nôtre bonheur, & qui font des qualitez aussi fâcheuses, qu'estimées sottement par ceux qui en sont pourvûs.

Vous ne pensez donc qu'au plaisir present, dit un Critique, vous méprisez l'avenir, & ce que l'on dira de vôtre mauvais goût.

Je ne conviens point du mauvais goût, & le parti dont je suis, prouve assez que je n'ai point en cecy le goût mauvais; mais sans entrer dans cette question, je répond que je ne m'embarasse pas de cet avenir; que je veux joüir du present, qui est bon dans le tems ou je vis, & que je veux croire bon pour l'avenir, sans m'inquieter du goût des hommes qui viendront après moi.

Je prévois qu'en tout tems les Pieces de Théâtre seront destinées, comme dans le nôtre, à plaire, du moins aux personnes d'un goût au dessus du commun, & capables d'imposer à ceux qui n'osent décider qu'ils trouvent une Piece bonne, ou qu'ils la trouvent mauvaise, ce qui est une grande foiblesse, & plus commune que je ne l'eusse pensé.

On se récrie sur ce que l'Auteur declare que son penchant dominant est de plaire. La Poësie dramatique est, dit-on, destinée à instruire. Je demande, qu'est-ce que produit cette destination? Va-t'on à la representation d'une Tragédie dans cette vûë? En sort-on plus instruits, ou plus honnêtes-gens ? On en sort comme de la lecture d'un beau Livre: Les plus belles & les meilleures Pieces de Théâtre, comme les plus beaux & les meilleurs Ouvrages qu'on lit, ne changent point le cœur humain. Elles ne vont point jusqu'à lui. On cherche pourtant toûjours ce qui est beau, ce qui plaît. Pourquoi ? Est-ce pour devenir meilleur, pour profiter de l'instruction, pour la réforme des mœurs ou du goût ? Non : & une preuve de cela est qu'on ne cherche point le bon, s'il n'est beau, & que le beau n'est pas moins recherché quand il n'est pas bon. Pourquoi donc, & quand aime-t'on les lectures & les representations dont je parle ? Quand elles plaisent, & parce qu'elles plaisent, & pour son plaisir. On va voir une belle Tragédie, comme on va voir une belle femme, un beau Château, ou comme on ouvre un beau Livre, je veux dire dans les mêmes dispositions. Soyez prévenu à l'avantage d'une Piece ; si l'Auteur n'a pas le secret de vous plaire, il a beau vous donner de bonnes & d'excellentes instructions, il vous ennuye, il vous fait bâiller. On le maudit quelque-fois, ou l'on se mocque de lui, en jurant de n'y plus retourner : S'il plaît par de certains sentimens, on l'aime pour la beauté de ces sentimens, on ne se corrige point par sa morale. Ainsi dans le peu d'apparence d'être utile, un Auteur doit s'attacher à plaire, & en faire son capital : Et comme il n'est pas impossible que ce qui plaît soit

quelque-fois utile , un Auteur , quand il eſt honnête-homme , doit mêler un peu d'utile , avec
beaucoup d'agréable; car il faut une doſe bien
forte de ce dernier , pour en faire paſſer doucement une legere du premier.

Je ne ſçay pas ſi l'utile , dont on ne ſoucie guere
à preſent , pourra être remis ſur le bon pied. C'eſt
l'affaire de Mᵖˢ les Critiques qui en font tant de
cas. A la verité ils commencent à nous donner
de bonnes leçons par leur procedé contre un Auteur & contre une Pièce , qui n'ont fait de mal
à perſonne , qui ont fait un plaiſir honnête à tant
de gens , & qui ont peut-être empêché tant d'autres de ſe livrer à d'autres plaiſirs que les Parti-
ſans de l'inſtruction ne doivent point approuver.

Ces Meſſieurs, dis-je, commencent tout de bon à
nous donner des leçons utiles : leur humeur bien-
faiſante à l'égard de leur Confrere, & leur charité
pour le prochain en ſont de bien remarquables.
Mais il faut entrer dans quelque détail de ce
qu'il y a de plus conſidérable dans leurs Satyres.

Le perſonnage de Conſtance a fait beaucoup de
bruit. Il a déplû à ceux dont je parle, ils l'ont trouvée ſotte , imbécile , bête , groſſiere, &c. Son caractere ne leur a point parû naturel.

S'il y a dans le monde quelques femmes qu'une
grande paſſion ait réduites au même état de Conſtance, le perſonnage de cette Actrice eſt taxé mal-
à-propos de n'être point naturel. Il ne peut être
que rare. Les caracteres rares conviennent quel-

que-fois sur la Scene , quand ils ne bleſſent , point la vrai-ſemblance , & quand ils plaiſent , comme a fait celui de la Princeſſe à des Spectateurs qui connoiſſent cette vray-ſemblance.

Les grandes paſſions ont quelque-fois des caracteres extraordinaires ; mais preſque toûjours inconnus à ceux qui ne les ont pas éprouvées en eux-mêmes, ou remarquées dans quelques autres, & qui ne connoiſſant ni le cœur humain, ni les diverſes paſſions dont il eſt ſuſceptible, & ne jugeant pas avec un eſprit équitable , ne peuvent raiſoner que foiblement & puerilement.

Une grande partie des Auteurs ne connoît pas mieux le cœur humain , & de quoi il eſt capable , que des femmes , & le connoît peut-être beaucoup moins que quelques femmes d'eſprit. Ils en jugent par ce qu'ils ſentiroient eux-mêmes en tel & tel cas , quel principe, ſi l'on penſe à la diverſité infinie que mettent dans nôtre cœur la nature & les paſſions !

Je ne déciderai rien icy ſur le perſonnage de Conſtance , non plus que ſur autre choſe , & ne ferai que propoſer mes ſentimens aux Spectateurs déſintereſſez de la Tragédie dont il eſt queſtion , je veux dire à ceux qui n'en veulent ni à M. D. L. M. ni à cette Piece (car elle a comme lui ſes ennemis) & qui n'ont d'autre interêt que de ſçavoir s'ils ont dû lui applaudir ou non. Il faut pourtant que les Spectateurs examinent encore une autre choſe avec moi , ſçavoir s'ils ſont ſots & imbeciles ; car ils doivent l'être, selon les Critiques , & quelque chose même de plus , si Constance qu'ils aiment est une sotte & une imbecile , &c.

La moderation & le désinteressement de la Princesse sont , dit-on , poussez trop loin , & passent la vray-semblance. Je consulterois moins là-dessus ceux qui parlent de cette maniere , que les personnes qui ont de l'experience du monde , & qui sont quelque-fois dans le goût d'approfon- les passions. C'est à ceux-cy que j'appelle des ju- gemens prononçez contre Constance.

L'Auteur des paradoxes , en parlant des senti- mens de D. Pedre , pour celle qui lui est destinée , dit, *Peut-on voir un mépris plus piquant ?* Il est vray que Dom Pedre n'a point d'amour pour Constance ; mais a-t'il pour elle ce qu'on doit ap- peller du mépris, & un mépris piquant. Cela ne me paroît pas , & il me souvient qu'en quelque endroit il donne des marques du contraire : j'a- voüe que la conduite du Prince à l'égard d'une personne comme Constance, & dans une telle conjoncture ne peut gueres être regardée par la personne interessée , que comme une offense : néanmoins ce n'en pourroit estre une que dans l'i- dée de la personne qui se croiroit offensée.

On peut avoir de l'indifference sans mépris , sans aucun sentiment offençant , & même avec beaucoup de considération, d'estime, & de respect pour la personne dont on est aimé : Mais pour ne point confondre cette indiference avec l'offense , il faut ou être désintereſſé, ou avoir beaucoup de raiſon. Peu de femmes, auſſi-bien que peu d'hommes, ont aſſez de raiſon avec beaucoup d'amour. Il faut avoüer que ce que penſent les Critiques à cet égard eſt ordinairement veritable ; je veux dire que l'indifference de l'objet aimé, eſt reputée mépris, preſque par toutes les femmes. Une perſonne de ce ſexe, qui ſe croit belle, & qui aime, veut être aimée. Elle exige de l'amour. C'eſt un petit Tyran. Elle veut tout ou rien. Un procedé honnête, reſpectueux, galant même avec cela, ne la touche point, ne l'adoucit point. Elle veut être aimée auſſi abſolument, que les Tyrans veulent être obéïs, & comme ceux-cy ne pardonnent pas un défaut de reſpect ou d'obéïſſance, elle ne pardonne point un défaut d'amour. J'aimerois mieux dépendre d'un Prince violent & abſolu, que d'une femme qui m'aimeroit, pour qui je n'aurois point de goût, & qui ſeroit du caractere ordinaire des femmes, j'entends qui n'auroit pas aſſez de raiſon pour comprendre que je ne ſerois pas le Maître de l'aimer. Son empire ſeroit plus fâcheux que celui d'un Tyran ; car celui-cy ſe contenteroit d'un reſpect exterieur, ſans approfondir dans mes intentions : Il n'en voudroit qu'aux actions ; mais une femme qui aime, ſi elle a une grande raiſon, en veut au cœur, & ſi elle a une grande autorité, elle eſt mille fois plus à craindre que l'homme le plus imperieux, & le plus abſolu. C'eſt-là le caractere ordinaire des femmes paſſionnées ; ce ne l'eſt pas univerſelement de toutes les femmes qui ont une grande paſſion. La raiſon n'eſt pas incompatible avec ce ſexe, & le caractere de Conſtance eſt celui d'une perſonne raiſonable. Elle eſt du petit nombre, que les Critiques ne connoiſſent peut-être gueres, & dont ils ne ſont point dans cette rencontre, puiſqu'ils n'ont pas fait en faveur de Conſtance, l'exception que demande la raiſon.

Conſtance a une grande paſſion dans le cœur, comme Dom Pedre : elle connoît l'empire de cette paſſion ; elle eſt ſçavante là-deſſus par ſon experience ; elle voudroit eſtre aimée de ce Prince qu'elle aime, & auquel elle eſt deſtinée ; mais dans le caractere raiſonnable & moderé que lui donne l'Auteur, pourroit-elle exiger de Dom Pedre qu'il l'aimât ? Je le ſuppoſe pour entrer dans la penſée des Critiques, & je demande ſur quel fondement elle l'exigeroit. Seroit-ce ſur ce qu'il lui eſt deſtiné ? Il n'y a pas d'apparence que cela lui paroiſſe un bon titre. Seroit-ce parce qu'elle eſt aimable ? Eh ! ne voit-elle pas facilement, ou qu'elle ne l'eſt pas aſſez pour être du goût de ce Prince, ou qu'il eſt prévenu de quelque autre attachement. Elle a trop d'amour pour ne pas connoître l'amour, & ce qui a du rapport à cette paſſion. Ne peut-elle pas juger de l'impoſſibilité où eſt le Prince de l'aimer, ou par cette raiſon ſeulement qu'il ne l'aime pas, ou par l'impoſſibilité où elle ſeroit elle même d'aimer un autre que lui.

La paſſion de Conſtance quoique grande n'eſt point emportée; ſon caractere eſt doux & modéré, comme nous l'avons dit. La raiſon ſe fait entendre dans une femme ainſi faite, elle lui dicte ſon perſonnage.

Une femme qui aime, & qui s'abandonne à ſa paſſion, ſi elle n'eſt point aimée, ſe rend haïſſable par ſa paſſion même. Si elle eſt retenuë, genereuſe, ſi elle a de la vertu, du déſintereſſement, ou ſi, par raiſon, elle agit comme on fait quand on a ces qualitez, il n'eſt pas impoſſible qu'elle ſe faſſe aimer. Elle peut alors concevoir quelque eſperance, & tenir une conduite qui convienne à cet état de ſon cœur, à ſon interêt, à l'interêt de ſa paſſion. Eh de quoi ne rend pas capable l'interêt des grandes paſſions! Quelle violence ne ſe fait-on point! Quelle paſſion triomphe du cœur humain & des autres paſſions, comme l'amour! S'il ne change pas au fonds les dipoſitions du cœur, ne le fait-il pas agir comme s'il le changeoit entierement, ne le revêt-il pas de toutes ſortes de formes, & ne le rend-il pas quelquefois capable de toutes ſortes de perſonnages?

Il ne faudroit qu'avoir éprouvé une forte paſſion, & avoir aimé de certaines perſonnes pour être convaincu de ce que je viens de dire. On ſeroit perſuadé que dans vn violent attachement le cœur eſt preſque incapable de garder aucun autre caractere fixe que celui de la paſſion même qui s'en eſt emparée, qui y domine, qui en exclud

clud toutes les autres , qui s'y établit , y demeure victorieuse de tout ce qui ose lui résister, & abaisse quelque-fois un cœur fier , jusqu'à le rendre docile au mépris qu'il se seroit-crû incapable de souffrir.

Ces effets de l'amour sont une excellente leçon , & j'observe icy que M. D. L. M. instruit beaucoup par le Personnage de Constance , qui , au reste, quoique peut-être offensée d'une certaine maniere, quelque raisonnable qu'elle puisse être, ne me paroît pourtant point veritablement méprisée. Si elle l'étoit, elle seroit une sotte & une stupide ; & si elle ne l'est pas, pourquoi la qualifier ainsi, & invectiver contre une infinité de personnes qui ne peuvent l'avoir admirée méprisable, sans s'être renduë aussi méprisables qu'elle.

Disons encore un mot sur le chapitre de Constance. Elle ne paroît sotte à quelques gens que parce qu'ils croïent qu'elle doit être offensée ; mais si nous la regardons comme une personne moderée , & qui a une vertu raisonnable , nous comprendrons qu'elle est beaucoup moins offensée , parce qu'elle est moins passionnée ; qu'elle écoute plus sa raison que beaucoup d'autres femmes, encore par cela même qu'elle n'est point point si passionnée que les femmes ordinaires le sont en pareil cas. La raison & l'interest d'une grande passion doivent lui inspirer la conduite que nous lui voyons , & qui n'est point l'effet de la stupidité ni de la sottise. Constance sçait qu'on n'eſt point le Maître de ſon cœur : c'eſt beaucoup pour la deffenſe d'un homme qu'elle aime : l'a-mour fait le reſte : il le deffend encore mieux dans un cœur fait comme celui de cette Amante.

Fuyez, (dit la Princeſſe à Dom Pedre) *fuyez, fût-ce avec ma Rivale*, & dans un autre endroit, *heureuſe qu'il vécût, fût-ce pour elle même* (elle parle de Dom Pedre & d'Inès) & elle continue ; *il n'importe à quel prix je ſauve ce que j'aime.*

Ces ſentimens ne paroiſſent point naturels aux Critiques : c'eſt qu'ils ſont extraordinaires, & c'eſt pour eux comme s'ils n'étoient point dans la nature.

La crainte de perdre ce qu'on aime eſt le plus grand des maux pour une Amante tendre & ge-nereuſe comme Conſtance : tout céde dans ſon cœur à cette crainte extrême, que ne connoiſſent point les perſonnes qui ne ſont capables que d'un amour ordinaire, intereſſé, mercenaire ; d'un amour qui n'aime que pour joüir, & qu'en vûë de ſes plaiſirs ; d'un amour enfin bien different de ce-lui des belles ames, qui n'aiment gueres ſans eſ-time, & qui ne peuvent aimer & eſtimer ſans une grande crainte de perdre l'objet de leur tendreſſe, quand elles le voyent en quelque danger.

Je ne donne point icy dans les chimeres d'un amour purement ſpeculatif, & je ne dis point qu'il y ait des perſonnes capables d'aimer quel-qu'un uniquement pour lui même : mais j'oſe dire qu'il y a des cœurs délicats qui n'aiment pas dans la vûë de leur feul plaifir , & pour qui la perte , & même le danger de l'objet aimé eft un des plus grands maux , par d'autres confidérations, que par la privation des douceurs de l'amour. Quand on a l'ame ainfi faite, on confent plûtôt , quoiqu'avec un extrême regret, à perdre pour foi l'objet aimé , qu'à le voir fe perdre pour lui même. L'amour eft peut-être de toutes les paffions celle qui eft la plus capable de ces pénibles facrifices , & par conféquent la plus genereufe : mais il ne produit cet effet que dans un cœur né généreux, & déja capable d'un beau défintereffement. Il y a telle femme , quoiqu'on en penfe, qui feroit ferme dans ces fentimens pour un Amant dont elle feroit aimée, que trouve-t'on donc de fi étrange en ces mêmes fentimens dans le cœur de la malheureufe Conftance , qui n'eft point aimée , & qui par conféquent perd infiniment moins en perdant ce qu'elle aime , puifqu'elle ne joüit point des douceurs de l'amour , & qu'elle n'en reffent que les peines.

Je paffe à l'article des enfans. Plufieurs ont trouvé ce Spectacle ridicule, apparemment par la fingularité. D'autres en ont ri en lifant les critiques. C'eft ainfi qu'on s'eft rejoüi des parodies de quelques belles Pieces , comme de Berenice & autres, & l'on a bien fait. Ce feroit une grande fotife de vouloir eftre férieux où il y a matiere de rire : mais ç'en eft une auffi , & bien remarquable de vouloir rire d'un férieux qui n'eft point ridicule.

Rions des boufonneries de la critique quand elles font bien trouvées : goûtons les comme elles doivent l'être ; mais goûtons auffi felon fon mérite le férieux qui n'a que donné occafion aux boufonneries, aux railleries, à la fatyre & au comique qui nous ont diverti. Si nous confondons ces chofes fi differentes, ce férieux qui touche, & ce comique qui fait rire, nous devenons comiques nous mêmes ; nous donnons lieu à la raillerie & à la fatyre, & les Critiques ont un beau fujet de fe mocquer de nôtre legereté.

Quand un férieux n'a point paru ridicule, c'eft une grande foibleffe d'en rire, parce qu'il le paroît à d'autres, ou parce qu'on la travefti en ridicule.

Virgile en eft-il moins beau pour avoir efté travefti? Que penferoit-on du goût de ceux que le Virgile de Scarron, empêcheroit de trouver beau le Virgile original.

J'ay lû le Virgile original, & celui de Scarron. Il eft vrai que la lecture de l'un a donné occafion au retour des idées boufonnes de l'autre, & que les idées ridicules du dernier, rapellées par la lecture, quoique férieufe, du premier, m'ont diftrait du plaifir que me faifoit le veritable Virgile ; je dis d'un plaifir qu'on pourroit appeler folide, comme l'autre n'eft qu'un plaifir badin, fi j'ofe m'expliquer ainfi.

M. D. L. M. a parlé en galant homme de la petite Comédie d'Agnès de Chaillot, qui eft une des Critiques de sa Tragédie. Il a ri de la Mascarade & des boufonneries. Rions aussi de celles qu'on a fait à l'occasion d'Inès ; mais faisons pour nostre honneur, & pour nôtre plaisir, la difference de sa belle Tragédie aux plaisanteries, qui, quelques bonnes qu'on les trouve, ne sont qu'un badinage. Les enfans sont comiques dans Agnès: Le sont-ils dans Inès ? Ne seroit-ce pas un comique bien singulier que celui qui a attendri tant de personnes d'esprit dans les representations de cette Piece.

Plusieurs ont ri (dit un Critique) en voyant paroître ces Enfans. Qu'est-ce que cela conclut ? J'ai vû à de belles representations tragiques, rire quelques personnes de ce qui faisoit, sur d'autres, une impression contraire : C'étoient des gens disposez à prendre les choses en riant ; gens d'un goût comique, qui donnoient une teinture de comique à des choses sérieuses & touchantes. Un tel goût ne conclud rien, il est sans conséquence.

Ces Enfans (continuë le même Critique) n'offrent qu'un comique méprisable. Si cela est, il y a un comique méprisable, qui interesse bien sérieusement des personnes, qui ne sont point méprisables, & il a bien l'air de ne paroître tel qu'à l'espece méprisante.

Le même Auteur a relevé ce qu'a dit fort naturelement M. D. L. M. *que plusieurs ont douté, à la vûë de ces Enfans, s'ils devoient rire ou pleu-*

rer. On veut que cet aveu soit une Satyre échapée à l'Auteur contre lui même : mais de quelles personnes parle-t'il dans cet aveu, en disant que *plusieurs ont douté*, &c. L'on voit bien que c'est de l'espece singuliere, disposée à rire où les autres pleurent. Quelle apparence qu'il parle des autres, & du grand nombre ? Cela seroit contre lui, & seroit même faux. Est-ce donc une satyre contre lui même que cet aveu, & y a-t'il de la bonne foy à l'expliquer comme on fait ? L'Auteur des Paradoxes se divertit apparemment icy comme ailleurs ; ou bien il veut imposer à des esprits foibles par de tels raisonnemens : mais il est trop éclairé pour les croire solides.

Je ne voudrois pas d'autre preuve, que la Scene des Enfans n'offre point un comique méprisable, que l'effet de cette Scene ; effet fort different de celui que produit dans un Poëme sérieux le comique méprisable. Je crois que cette preuve suffit à l'Auteur, comme à ceux dont le goût n'a point esté blessé par la circonstance de la nouveauté.

Disons à present quelque chose de ce vers fameux qui se trouve le même dans une Tragédie de Corneille, & dans Inès de Castro : Le voicy.

Vous parlez en Soldat, je dois agir en Roy.

Les Amis de M. D. L. M. ne peuvent affirmer qu'il a fait ce vers, que sur sa parole, luï seul en en sçait la verité ; & moi je ne puis raisonner en cecy que sur des conjectures.

Si l'on dit qu'il a dérobé ce vers à Corneille, je demande à ses Accusateurs, a-t'il pû croire que que ce vol demeureroit caché, lui dont les ennemis, gens de Lettres, connoissent si bien les vers de Corneille? En verité il n'y a point d'apparence. S'il a cru que ce vol seroit reconnu, a-t'il pû exposer sa réputation aux effets de cette connoissance?

Ne seroit-il point plus raisonnable de dire que n'étant pas impossible que deux Poëtes fassent un même vers, à l'occasion d'une pensée précisement la même, par la rencontre des mêmes expressions, sur tout, lorsqu'il y a peu d'expressions qui conviennent à cette pensée, ce même vers a pû se presenter à M. D. L. M. comme à Corneille.

Je remarque que ce vers, qui est beau, est aussi fort simple, & qu'il ne paroît pas qu'il ait esté difficile a faire sur la pensée qui en est le sujet. Je gagerois bien que si je donnois cette même pensée à versifier à cinq ou six bons Poëtes pour lesquels elle fut nouvelle, y en auroit plus d'un qui feroit le même vers, & qui pourroit à juste titre s'en dire Auteur. Or dans les circonstances, cette pensée vient naturellement. Si cela est aussi vraisemblable que je le crois, M. D. L. M. a pû faire ce vers, comme Corneille, & comme si Corneille ne l'avoit jamais fait. Pour moi j'y trouve beaucoup d'apparence, & supposé qu'il en soit Auteur je ne vois pas qu'il ait dû le faire imprimer en caracteres Italiques, comme le dit l'Auteur des Pa-

radoxes, puifqu'il eft de lui, & que les feconds Inventeurs ne font pas moins Inventeurs que les
premiers, à quoi je puis ajoûter qu'ils ne meritent
pas moins qu'eux la gloire de l'invention.

Mais je remarque une chofe qui pourroit être
expliquée fort avantageufement pour M. D. L.
M. Il a efté fait une feconde édition de fon Inès
depuis les Paradoxes, & dans cette feconde édition, le même vers eft imprimé en caracteres Italiques.

Si ce changement vient de l'Auteur, quel en
eft le principe ? A-t'il voulu déferer à fon Critique ? Je ne le crois point. Je préfume qu'il a rai-
fonné à peu-près de cette forte.

Gerneille a eû le premier l'honneur de ce vers.
On ne veut point que j'aye après lui cet honneur,
qu'il ne me refuferoit peut-être pas lui même s'il
vivoit. Il y a parmi les gens de Lettres, quantité de
perfonnes, qui regardent comme Plagiaires des anciens, ceux qui penfent quelque-fois comme eux.
Un vers précifement égal à l'un de ceux de quelque ancien, eft bien un autre chef d'accufation.
Il n'eft permis de faire le même vers qu'un autre
Auteur, qu'à condition de paffer pour fon Co-
pifte. Je ne conviendrai jamais que je le fois de
Corneille, ni d'aucun autre : mais je veux bien
laiffer à Corneille l'honneur de ce vers, puifqu'il
eft de lui comme de moi. Il m'en refte affez d'autres qu'on ne me difputera pas, puifque je n'ay
point eû le malheur de les faire femblables à

çeux de ce grand Poëte. Je veux donc bien me relâcher d'une juſte prétention , lui laiſſer ce vers & la part que j'y ay comme lui , & même le faire imprimer en caracteres Italiques , comme un vers de Corneille, puiſqu'il en eſt Auteur avant moi. Par là, j'impoſerai ſilence modeſtement & en honnête-homme à ceux qui me font cette chicane.

Quelque autre que M. D. L. M. eût peut-être tenu bon , & dit , ce vers eſt trop beau pour me laiſſer enlever la gloire d'en être l'Auteur. On n'en fait pas tous les jours de cette beauté. J'en veux avoir la gloire qui m'eſt dûë. Mais nôtre Auteur , qui ſe ſent aſſez de richeſſe Poëtique , veut être plus genereux que ſes Critiques ne le ſeroient apparemment en pareil cas. Il ſied bien à ceux qui poſſedent un grand fonds de relâcher quelque choſe de leurs droits.

On a dit que le ſuccès d'Inès de Caſtro étoit dû à l'admiration qu'ont eû les Dames pour la conſtance de Dom Pedre. Je ne m'étonne point que les Dames ayent eſté ſenſibles à cette qualité. Quelque rare qu'elle ſoit dans les femmes, celles des hommes me le paroît davantage , & la rareté augmente le prix des bonnes choſes.

Il y a long-tems que je crois remarquer que les hommes (à quelque petite exception près) aiment moins bien que les femmes : Je parle de ceux & de celles qui ont de vrayes paſſions, non pas de la coquetterie, & je dis que dans l'Empire de l'Amour , les hommes font plus de mal-

heureuſes, que les femmes ne font de malheureux. Quantité de ceux qui paſſent pour fort
honnêtes-gens ne croyent pas être fourbes pour
tromper une femme qui les aime de bonne-foy :
Les proteſtations de belles paſſion ne leur coûtent
rien pour s'en faire aimer, & quand ils font aimez, la fidelité leur coûte tant, qu'il ſemble
qu'elle leur devienne impoſſible. On n'en voit
gueres qui n'aiment le Sexe auſſi groſſierement
que pourroient faire leurs Valets. On peut voir
ce qu'en dit le Spectateur Suiſſe. Il ſemble que
les femmes qui ont de la délicateſſe, en ayent
plus que les hommes qui s'en piquent ; je veux
dire qu'elles ſoient moins vivement ſenſibles à ce
qu'il y a de groſſier dans cette paſſion, & qu'elles
le ſoient davantage à la poſſeſſion du cœur. C'eſt
une raiſon pour qu'elles ſoient plus conſtantes.
L'amour qui n'eſt preſque fondé que ſur la groſ-
ſiereté, ne peut gueres avoir cette qualité ; celui
qui l'eſt en partie ſur l'eſtime peut être conſtant :
c'eſt que les qualitez qui en font l'objet con-
ſervent leur merite plus long-tems, que les agré-
mens du corps, & donnent même à ceux-cy un
grand prix. Les connoiſſeurs en conviendront ; &
ſi les Dames rendent juſtice à nôtre ſexe, ſur ces
principes, *il eſt fort naturel & même fort raiſonnable qu'elles ſçachent bon gré à* M. D. L. M. *du
caractere qu'il a donné à Dom Pedre.* C'eſt une
leçon pour nous autres hommes ; & ſi l'on y prend
bien garde, la repreſentation & la lecture de ſon

Poëme font plus capables que fes Critiques d'inf-
truire ceux qui font bien difpofez à en profiter.

Puifque nous en fommes fur le chapitre de
de l'Amour, il faut parler de ces vers qu'à fi bien
remarqué un des Critiques.

Que j'expire à vos pieds, & qu'unis l'un à l'autre,
Mon ame fe confonde encor avec la vôtre.

Il donne un fens bien étrange à ce mot, *encor:*
mais a-t'il crû férieufement qu'on entreroit dans
ce fens-là ? J'en doute fort. Il fçait qu'il y en a un
autre plus naturel, ou pour mieux dire, qui con-
vient plus naturellement, fans aucune comparai-
fon, à cet endroit de la Piéce, & fi naturellement
que je ne croy pas que les Spectateurs raifon-
nables ayent eû aucune idée approchante de ce
qu'il penfe avant de lire fa Critique.

Pourquoi donner à ce vers le fens le plus éloi-
gné des apparences, auquel on ne penfoit pas,
& lui ôter celui que tout le monde lui donne, &
& qu'on aime à lui donner.

L'explication du Critique a-t'elle quelque
ombre de convenance au tems, aux perfonnes
& (ce que je devrois dire le premier) aux inten-
tentions de l'Auteur? Y-t'il la moindre apparence
que Dom Pedre ait les fentimens de Petrone,
dans l'état où il voit fa femme, mourante, dans
les convulfions que donne le poifon, & enfin dans
l'état où il eft lui même ? Eft-il des hommes brutaux jufqu'à ce point ; & s'il en eft quelqu'un

capable de cet emportement , & j'ofe dire de cette
fureur,eft-ce à l'égard de fa femme, & après plufieurs années de mariage ? J'ay penfé ajoûter, eft-
ce à l'égard d'une femme qu'il eftime : mais je
me ferois trompé. Les brutaux n'eftiment point
une femme. Si je difois qu'ils l'aiment , je ferois
trop d'honneur à leur fentiment. Le mot d'aimer
eft fufceptible d'une belle explication : je crois
qu'ils ne font capables que de la defirer , & que
quand ils ne la defirent plus, leur amour ceffe, ou
eft fufpendu jufqu'au retour des defirs.

Quand on n'en veut point à l'Auteur d'Inès,on
voit en D. Pedre, un Mary, ou plûtôt un Amant,
& un Mary en même tems , occupé de la perte
qu'il va faire;pénetré d'un fentiment proportio-
né au bien qu'il pert, & qui fent tout le prix de ce
bien; on trouve que l'excès de fon bonheur paffé
fait celui de l'accablement où il eft. Tout cela paroît aux Spectateurs judicieux , être fondé fur
le merite de la perfonne aimée , fur l'amour reci-
proque & fur la fimpathye. Ce font de grands
avantages unis, & fi grands, qu'un feul de ces
biens, fait un extrême bonheur, je veux dire, ou
le feul amour réciproque confervé dans le mariage , ou la fimpathye. Mais quand ces deux
chofes fe trouvent enfemble en deux cœurs bien
affortis , elles femblent faire plus que ce qu'on
appelle ordinairement union des cœurs. Elles
confondent les cœurs & les ames par l'égalité des
fentimens , qui deviennent les mêmes en deux

ames faites l'une pour l'autre. Cela nous mene à l'explication naturelle & convenable de ce que dit Dom Pedre:

Mon ame se confonde encor avec la vôtre.

L'ame de ce Prince Malheureux ne pourra plus se confondre avec celle de son Amante, comme elle l'étoit auparavant. Il ne connoît plus de bonheur dans la vie ; & il veut qu'elle soit confonduë par un même sort, puisqu'il ne peut plus esperer qu'elle soit autrement.

Je dirai icy comme ailleurs, qu'il faudroit avoir quelque experience de ces choses pour les croire, ou du moins avoir un cœur tendre, qui pût anticiper ces connoissances ; mais le tendre est un Païs perdu pour les Critiques. Ne nous étonnons donc point que l'un regarde Constance comme un sotte & une imbecile, parce qu'elle a trop d'amour, & que Dom Pedre paroisse à l'autre un Amant lascif par l'excès de sa passion.

Parlons maintenant d'Alphonse. L'Auteur des Paradoxes le trouve cruel, & dit qu'il condamne son fils à la mort, quoiqu'il ne l'en juge pas digne par sa revolte ; mais seulement par sa désobéïssance. Voicy les termes du Critique.

. . . Alphonse est un pere bon & tendre ; Quelle contradiction ! Ne vous imaginez pas que dans le fond il soit fort persuadé que son fils merite la mort a cause de sa revolte : point du tout ; ce n'est qu'à cause du mariage auquel il ne veut point consentir.

S'il veut obéir à son pere sur cet article, sa revolte
n'est rien, & on le lui pardonne, cela est manifesté
par la seconde Scene du quatriéme Acte, où le Roy
dit à Dom Pedre après sa revolte.

Dégagez ma promesse,
Il faut aujourd'huy même épouser la Princesse,
Et si vous refusez ce nœud trop attendu.
J'en mourray de douleur ; mais vous êtes perdu.

Je t'offre la vie, ajoûte Alphonse. Que faut-il,
répond Dom Pedre ? Obeïr, replique le Roy. Il est
clair que le motif seul qui empêche le Roy de par-
donner à son fils ; c'est la résistance à sa volonté.
Voilà le crime capital dont il s'agit, & qui lui at-
tire la condamnation à la mort.

Voilà le raisonnement de l'Auteur des Paradoxes. Voicy le mien.

Alphonse est de ces hommes dont la passion do-
minante est pour la regle, le devoir, l'honneur,
l'obéïssance aux Loix. Il ressemble en cela a
quelques anciens Romains ; mais il n'est point
sourd à la voix de la nature : Il s'explique en plusieurs endroits d'une maniere qui peut en con-
vaincre, & enfin il se laisse fléchir, parce que sa
severité céde à des sentimens humains. La severité est un de ses principaux caracteres, & qui con-
vient au surnom de Justicier que l'Auteur lui
donne : mais sa severité n'est point cruelle, puisqu'il offre grace à Dom Pedre à une condition
raisonnable, dont je parleray bien-tôt.

Si Alphonse avoit les sentimens que lui donne le Critique, ce seroit un Prince odieux : mais voicy comment il me semble raisonnable d'expliquer ce qu'il dit.

Dom Pedre paroît coupable à Alphonse par deux crimes ; par la désobéïssance, & par sa révolte. On ne voit point que la désobéïssance soit le *motif seul*, comme dit le Critique, de la condamnation du Prince. La révolte est un grand crime ; mais Alphonse est l'offensé, & s'il la pardonne, ce n'est plus rien. Il n'en est pas de même du refus d'épouser Constance. S'il n'y avoit point d'autre mal dans ce refus, que la désobëïssance, j'en parlerois à peu-près comme du premier.

Mais la désobéïssance est le moindre mal de ce ce refus. Ce refus, indépendemment de la désobéïssance, est cruel pour un Prince du caractere d'Alphonse. Il le fait manquer à sa parole.

La révolte est une chose faite, & qu'un bon pere peut oublier bien plus facilement que le malheur d'avoir manqué à sa parole, & que l'espece d'affront, qu'il y a dans ce refus, pour Constance, qu'il estime, & pour ceux à qui elle appartient. Alphonse en est pénetré. Il ne peut apporter de remede à ce mal, ni en cessant d'exiger de son fils qu'il donne la main à la Princesse, puisque ce seroit se rendre odieux au Roy de Castille, ni en continuant de presser son fils de dégager sa promesse, puisqu'il le voit absolument déterminé au refus.

Les inconveniens de ce refus tombent fur le pere.
Toutes fes attentions s'y réüniffent. Il fçait qu'il
eft Maître de pardonner la révolte, & il declare
qu'il la pardonne, mais à une condition raifonnable, & que fon fils trouveroit raifonnable lui-
même dans les circonftances, s'il n'étoit pas prévenu d'une forte paffion. Le Roy s'attache à cette
condition. Il met à ce prix une grace dont il eft le
Maître. Si fon fils refufe cette condition, il fubira
la peine: Pour quel crime? Pour la feule défobéïffance, comme dit le Critique, non: Mais il fubira
la peine de fa révolte; peine qu'il peut éviter s'il
veut mériter cette grace; grace fans laquelle les
Loix le condamnent à fubir cette peine. Le Roy
lui ouvre ce chemin pour mériter le pardon de
fon crime, lui affure le pardon s'il obéït, & la
peine s'il n'obéït pas, & il lui fait voir combien il
lui en coûtera s'il eft obligé de prendre le parti de
la féverité: Sentence jufte, & qui eft à l'avantage d'Alphonfe, quoiqu'elle foit citée contre
lui.

> *Dégagez ma promeffe,*
> * *Il faut aujourd'huy même époufer la Princeffe.*
> *Et fi vous refufez ce nœud trop attendu,*
> *J'en mourray de douleur; mais vous êtes perdu.*

Ces paroles marquent-t'elles que le feul motif
de la condamnation foit la défobéïffance, & ce
qu'avance là-deffus l'Auteur des Paradoxes n'eft-
il pas bien outré?

Le

Le même Critique plaisante au sujet de l'impression que font sur le cœur du Roy les Enfans & le Mariage secret, *qui remet*, dit-il, *Inès dans les bonnes graces d'Alphonse, & sauve la vie à Dom Pedre.*

Je réponds que cet hymen seroit toûjours désagréable à Alphonse sans les Enfans, & que les Enfans le toucheroient bien moins sans les circonstances que chacun sçait, & dont je diray quelque chose.

Ne voila-t'il pas, ajoûte le Critique, en parlant de l'impression que font ces Enfans sur l'esprit du Roy, *ce qui s'appelle un grand Monarque qui soûtient admirablement le caractere de politique, de sagesse & de force que lui donne l'Auteur dans le cours de la Piéce.*

Les Monarques ne peuvent être grands quand la nature parle à leur cœur d'une certaine maniere, & fortement : Ils sont alors des hommes comme les moindres de leurs Sujets. Ils ne peuvent avoir, de la grandeur, que les apparences, & ils ne le peuvent pas toûjours.

Nous estimons & nous admirons un Prince par de grandes qualitez, ou par de grandes actions : Nous ne le méprisons point pour voir tomber sa fermeté par tendresse pour ses enfans. Il nous touche par cette foiblesse, qui lui est commune avec nous. Ceux qui voudroient qu'Alphonse ne fût point assez touché pour prendre le party auquel il se détermine, le taxeroient de férocité, s'il suivoit ses premieres résolutions.

On ne peut gueres juger de certaines actions, qu'en se mettant pour quelques momens dans la la place de ceux qui les font.

Il se fait un combat dans le cœur d'Alphonse, entre les sentimens naturels qui l'interessent pour son fils & pour ses petits-fils, & les motifs qui l'interessent par honneur, & par une sorte de devoir. Il regarde comme choses faites, ainsi que je l'ay observé, les fautes de son fils ; mais d'un fils possedé de la plus forte des passions, & qui est encore bien jeune : circonstances qui diminuent ses fautes en quelque maniere : Il voit qu'il ne manque à Inès que de la fortune, pour être plus digne de la passion qu'a son fils pour elle, & qu'elle en est déja digne par ses sentimens & par sa naissance : que l'amour de Dom Pedre pour Inès a commencé, il y a déja assez long-tems, & qu'Inès lui est devenuë plus chere que sa vie, sans que les violences qu'il lui fait sur ce penchant ayent diminué son respect pour son pere ; qu'Inès a de la vertu ; qu'elle a combattu cette passion ; qu'elle a pû conserver les jours d'un Prince violent & capable d'un désespoir qui n'est pas sans exemple: Il est émû par le triste sort de son fils; par la presence des enfans de son fils; enfans qu'il regarde comme son sang ; un sang innocent dont les malheurs touchent les plus barbares; il n'est point insensible à l'état déplorable de la personne que son fils aime si tendrement, & dont toutes les peines sont un surcroît de peines pour le fils, déja si malheureux par un amour qui fait seul tous ses crimes. On juge aifément de l'état du cœur d'Alphonfe dans une extremité fi intereffante , je dis intereffante , par de tels objets qui fe prefentent tous enfemble à la partie fenfible d'Alphonfe , & le frapent tous en même-tems. Les enfans de Dom Pedre font auffi les enfans d'Alphonfe. C'eft un fecond objet qui remue fes entrailles paternelles. Ce Roy tout Jufticier qu'il eft, eft homme, il eft pere ; & j'ajoûte qu'il a les foibleffes d'un pere. Voudroit-on que l'Auteur lui eût donné un caractere féroce , tendre pour les Loix , & barbare pour fes enfans.

Dans cet état Alphonfe fent que la nature l'emporte. Il n'a point recours aux reflexions , il n'eft en état ni de penfer à en faire, ni d'en faire ufage, fi elles étoient funeftes à tant de malheureux qui l'intereffent , & qui lui appartiennent : Enfin il eft homme : il céde à la nature , celle-cy l'affujetit à fes loix, le rend traitable, l'attendrit, le détermine.

On void en ce changement d'Alphonfe les effets de la force du fang. Son fils , fes petits-fils , Inès même , devenuë fa fille par ces enfans, & par l'engagement du Prince , font des victimes qu'il n'a pas la force d'immoler aux Loix ni à la Juftice. Tous les motifs de punir cédent à des motifs de pardonner ; motifs puiffans & invincibles en ce qu'ils font naturels, & plus forts que toutes les raifons contraires. Ce qu'il dit dans cet état , fait l'apologie de fon changement & de fon cœur.

Ma fille levez vous, ces enfans que j'embraße,

Me font déja goûter les fruits de vôtre grace,

Ils me font trop sentir que le sang a des droits,

Plus forts que les sermens, plus puiſſants que les
    Loix ;

Joüißez déformais de toute ma tendreße.

Aimez toûjours ce fils que mon amour vous laiſſe.

On a trouvé à redire qu'Alphonſe après avoir entendu le ſentiment de deux des grands du Royaume, n'écoute point celui des deux autres. Pour moi je ne le trouve point étrange. Il eſt convaincu par ce qui a eſté dit, par tout ce qu'il ſçait lu même, & par les emportemens de ſon fils, qu'il eſt coupable, & il l'eſt en effet ſuivant les Loix. Alphonſe juge en ce tems-là dans l'eſprit des Loix, par ſon caractere dont j'ai parlé, & peut-être auſſi, en partie, par quelque reſſentiment aſſez naturel, fondé ſur la réſiſtance opiniâtre de Dom Pedre. Mais cette rigueur, qui eſt un effet des premiers mouvemens rappellez & excitez par ce qui vient d'être dit, ne produit point en Alphonſe un jugement ſans appel. La ſeverité céde après quelque tems, aux ſentimens d'un pere, le crime vient à lui paroître graciable, parce qu'il eſt l'effet d'une paſſion qui renverſe le Jugement, & de la jeuneſſe du Prince.

Quelques Critique prétendent que c'eſt une Imprudence extrême à Dom Pedre de declarer ſon amour pour Inès.

Ne désavoüez point Inès que je vous aime, dit le Prince, &c.

Sans les circonſtances qui précedent cette declaration, elle ſeroit en effet une imprudencè extraordinaire : Il y auroit même de l'étourderie & de l'extravagance : mais il n'y a rien de tout cela, dans l'état où ſont les choſes.

La Reine vient de découvrir à Alphonſe l'intelligence des deux Amans. Dom Pedre ne voit pas que le fait puiſſe être nié avec ſuccès. On en pénetre les raiſons. S'il croit inutile de le nier, il eſt digne de lui, dans cette extrêmité, d'avoir le courage de l'avoüer, & de ſe charger comme il fait, autant qu'il le peut de tout le reſſentiment du Roy.

Il ſeróit facile de répondre à quantité d'autres remarques des Critiques : mais cela ſeroit peutêtre aſſez inutile : car les Spectateurs & les Lecteurs judicieux ſentent bien qu'elles ſont frivoles.

F I N.

A P P R O B A T I O N.

J'AY lû par l'ordre de Monſeigneur le Garde des Sceaux, *La Critique des Critiques d'Ines de Caſtro, &c.* A Paris, le 30 Decembre 1723.
BLANCHARD.

P R I V I L E G E D U R O Y.

LOUIS, par la grace de Dieu, Roi de France & de Navarre, à nos amés & féaux Conſeillers les Gens tenans nos Cours de Parlement, Maîtres des Requêtes ordinaires de nôtre Hôtel, Grand-Conſeil, Prévôt de Paris, Baillifs, Sénéchaux, leurs Lieutenans Civils, & autres nos Juſticiers qu'il appartiendra,

SALUT: Nôtre bien amé le Sieur A * * * nous ayant fait supplier de lui accorder nos Lettres de permission pour l'impression d'une *Critique des Critiques d'Inès de Castro* ; Nous avons permis & permettons par ces Présentes audit Sieur Exposant de faire imprimer ledit Livre ; en tel forme, marges, caracteres, & autant de fois que bon lui semblera, & de les faire vendre, & débiter par nostre Royaume pendant le tems de trois années consécutives, à compter du jour de la date desdites Présentes. Faisons deffenses à tous Libraires, Imprimeurs, & autres personnes de quelque qualité & condition qu'elles soient, d'en introduire d'impression étrangere dans aucun lieu de nôtre obéïssance ; A la charge que ces Présentes seront enregistrées tout au long sur le Registre de la Communauté des Libraires & Imprimeurs de Paris, & ce dans trois mois de la date d'icelles ; que l'impression de ce Livre sera faite dans nostre Royaume, & non ailleurs, en bon papier & en beaux caracteres, conformément aux Reglemens de la Librairie ; & qu'avant que de l'exposer en vente, le Manuscrit ou Imprimé qui aura servi de Copie à l'impression dudit Livre, sera remis dans le même état où l'approbation y aura esté donnée ès mains de nôtre très-cher & féal Chevalier Garde des Sceaux de France le Sieur FLEURIAU D'ARMENONVILLE ; & qu'il en sera ensuite remis deux Exemplaires dans nostre Bibliotheque publique, un dans celle de nostre Château du Louvre, & un dans celle de nostre très-cher & feal Chevalier Chancelier de France le Sieur FLEURIAU D'ARMENONVILLE ; le tout à peine de nullité des Presentes : du contenu desquelles vous mandons & enjoignons de faire joüir l'Exposant ou ses ayans cause pleinement & paisiblement, sans souffrir qu'il leur soit fait aucun trouble ou empêchement. Voulons que la copie desdites Presentes, qui sera imprimée au commencement ou à la fin dudit Livre, foy soit ajoûtée comme à l'original ; Commandons au premier nostre Huissier ou Sergent de faire pour l'execution d'icelles tous Actes requis & necessaires, sans demander autre permission, nonobstant clameur de Haro, Chartes Normandes & Lettres à ce contraires : Car tel est nostre plaisir. Donné à Paris le septiéme jour du mois de Janvier l'an de grace mil sept cent vingt-quatre, & de nostre Regne le neuviéme. Signé, par le Roy en son Conseil.
DE SAINT HILAIRE.

Registré sur le Registr. V de la Chambre Royale & Syndicale de la Librairie & Imprimerie de Paris, No 728, fol. 427. conformément au Reglement de mil sept cent vingt-trois, qui fait deffenses Art. IV. à toutes persones de quelque qualité qu'elles soient, autres que les Libraires & Imprimeurs, de vendre, débiter, & faire afficher aucuns Livres pour les vendre en leurs noms, soit qu'ils s'en disent les Auteurs, ou autrement ; Et à la charge de fournir les Exemplaires préscrits par l'Article CVIII. du même Reglement. A Paris, le 19 Janvier 1724. Signé, BALLARD, Syndic.